THiLO

Im Tal
der Trolle

Ravensburger Buchverlag

Bibliografische Information der Deutschen Nationalbibliothek:

Die Deutsche Nationalbibliothek verzeichnet diese Publikation
in der Deutschen Nationalbibliografie.
Detaillierte bibliografische Daten sind im Internet
über http://dnb.d-nb.de abrufbar.

1 2 3 4   D C B A

Originalausgabe
© 2017 Ravensburger Buchverlag Otto Maier GmbH

© Disney

Producing:
Produktmacherei, Stefanie Hahn

Printed in Germany
ISBN 978-3-473-49044-8
www.ravensburger.de

Inhalt

Der Ausflug

Kristoff macht mit seinen Freunden
einen Ausflug.
Den ganzen Tag über hat er
ganz geheimnisvoll getan.
Jetzt endlich verrät Kristoff,
was er vorhat.
„Wir gehen ins Tal der Trolle",
sagt er.
„Dort findet die Kristall-Feier statt."
Olaf, der Schneemann, kratzt sich
am Kopf.
„Kristall-Feier?", wundert er sich.
„Was ist denn das?"

Auch Anna, Elsa und Rentier Sven haben keine Ahnung.

Kristoff aber lächelt.

„Jedes Jahr ehrt der Obertroll Grand Pabbie die jungen Trolle.

„Alle, die sich ihre ersten Kristalle verdient haben."

Anna staunt. „Das ist sicher ein großer Schritt für die Jungtrolle", vermutet sie.

„Ja", bestätigt Kristoff. „Und die Feier ist wunderschön."

Bei den Trollen

Kristoff geht weiter.
Mit jedem Schritt wächst bei
Anna und Elsa die Neugier.
Olaf ist sehr schweigsam –
was bei ihm selten vorkommt.
Sie wandern über hohe Berge
und durch tiefe Schluchten.
Dann springt plötzlich die Trollfrau
Bulda hinter einem Felsen hervor.
„Sie sind hi-hier!", quiekt Bulda.
Sie freut sich riesig über den
Besuch und ist schon
sehr aufgeregt.

6

Sofort kommen auch die anderen
Trolle aus ihren Verstecken.
„Kristoff!", ruft Little Rock,
ein Jungtroll, „ich kann es
gar nicht glauben.
Ist es schon Zeit? Wie schön,
dass ihr alle bei uns seid!
Herzlich willkommen!"

Stürmisch fällt er Kristoff
um die Knie. Bis zum Hals
schafft er es leider nicht.
Little Rock ist sehr aufgeregt.
Auch er soll bei der Feier des
Obertrolls geehrt werden.

Ein alter Spruch

Bulda klettert auf einen Felsen.
Jetzt kann sie allen besser
in die Augen sehen.
„Erzählst du uns mehr über
die Feier?", bittet Anna.

Buldas Augen strahlen.

„Natürlich!", antwortet die Trollfrau.

„Sie muss im Herbst stattfinden,
unter den Polarlichtern."

Kummervoll sieht sie in die Ferne.

„Uns bleiben also
nur noch ein paar Tage.

Bald ist der Herbst vorbei."

Dann sagt Bulda
ein altes Trollsprichwort auf.

Als sie fertig ist, beugt Anna
sich zu ihrer Schwester.
„Hast du das verstanden?",
flüstert sie.
Elsa schüttelt den Kopf.
„Trollweisheit kann sehr verwirrend
sein", wispert sie zurück.
Beide lächeln verschmitzt.

Leuchtende Steine

Little Rock krabbelt auf
einen Felsen.
Anna bemerkt die vielen
Gegenstände, die er
umklammert.

Anna schaut sie sich genau an.

Es sind leuchtende Steine.

„Ich mag deine Kristalle!",
lobt Anna.

Little Rock strahlt.

Stolz erklärt er, was die
verschiedenen Steine zu
bedeuten haben.

„Das hier ist der
Fährtenleser-Kristall",
sagt Little Rock.
Er hält den einzigen Stein hoch,
der nicht leuchtet. „Der wird
erst strahlen, wenn ich ein
Super-Fährtenleser bin",
berichtet der kleine Troll.

Er seufzt und meint: „Nur dann
kann ich geehrt werden."
Er hofft ganz fest, dass es in den
letzten Herbsttagen noch klappt.
Little Rock sieht traurig aus. Fest
hält er den Kristall in seiner Hand.

Kristoff tröstet

„Ich verstehe das einfach nicht",
jammert Little Rock.
„Ich habe doch schon alle
möglichen Lebewesen aufgespürt.
Raupen zum Beispiel. Und Käfer."

Kristoff nimmt ihn tröstend
in die Arme.

„So einfach geht das nicht",
sagt er.

„Du musst das Tal verlassen
und anwenden, was du
gelernt hast."
Kristoff sieht nun auch
zu Anna, Elsa und Olaf.

„Ein Fährtenleser muss mehr
können, als nur einer Spur zu
folgen", weiß er.
Little Rock schüttelt sich.
Das Tal der Trolle verlassen?
Schon der Gedanke daran macht
ihn nervös.

Wolken ziehen auf

Der Trost hat Little Rock gutgetan.
„Ich versuch's ...", sagt er leise.
Schon lächelt der kleine Troll
wieder ein bisschen.
Doch dann zeigt er zum Himmel.
„Da! Die Wolken!", kreischt er.

„Wenn wir die Polarlichter nicht
sehen, gibt es auch keine Feier!"
Hilfe suchend blickt er sich um.
Doch Grand Pabbie ist
verschwunden.
Auch von den anderen Jungtrollen
fehlt jede Spur.
„Wo ... wo sind denn alle?",
stammelt Little Rock.
Er sucht aufgeregt nach den
anderen. Doch er kann sie
nicht finden.

Der Jungtroll spürt
einen dicken Kloß im Hals.
Er legt seinen Kopf
an Olafs kalten Bauch.
„Ich glaube ...",
schluchzt Little Rock,
„... die haben mich vergessen."

Bulda macht Mut

Little Rock ist traurig.
Doch Bulda macht ihm wieder Mut.
„Keine Sorge", sagt die Trollfrau,
„sicher sucht Grand Pabbie nur
einen Platz ohne Wolken."
Kristoff stellt sich neben sie.

„Warum folgen wir nicht
seiner Fährte?",
schlägt er vor.
Little Rocks Augen leuchten.
„Ich soll eine Fährte suchen?",
erkundigt er sich. „Mit euch allen?
Ja, ja, ja!"

Schnell holen die anderen Trolle
dicke Mäntel aus Blättern und
Moos. Die legen sie Anna und
Kristoff um.

Olaf und Elsa brauchen keine.
Sie frieren nie.
Und Rentier Sven hat ja sein Fell.

„Schaut mal da!", sagt Elsa.
Sie zeigt auf Polarlichter in
der Ferne. „Sollen wir in diese
Richtung gehen?"
Little Rock nickt heftig.
„Genau das wollte ich
auch gerade vorschlagen!"

Fährtensuche

Mit Little Rock an der Spitze
wandern die Freunde los.
Es geht immer höher den Berg
hinauf. An einer Stelle teilt sich
der Weg dreimal.
Hilfe suchend sieht sich
der kleine Troll um.

„Welchen Weg sollen
wir nehmen?", fragt er leise.
„Der erste geht zurück ins Trolltal",
verrät Kristoff.
„Und der zweite führt nach
Arendelle", hilft Anna.
„Ha!", ruft Little Rock da.
„Hier geht's lang!"

Selbstbewusst schlägt er
den dritten Weg ein.
Doch plötzlich bleibt der kleine
Troll wieder stehen.
„Den Geruch kenne ich doch ...",
flüstert er. „Das ist Grand Pabbie!"
Sofort wirft er sich auf den Boden.
Wie ein Spürhund schnüffelt
er herum.

„Trolle haben eine feine Nase",
erklärt Kristoff.
„Aber gerade riechst du
an Svens Hufabdruck."
Little Rock wird rot.
„Sven!", schimpft
er grinsend,
„stell dich nicht
auf Grand Pabbies
Fußabdrücke!"

29

Eine alte Geschichte

Bald kommen die Freunde
auf einer Bergspitze an.
Von hier haben sie einen
tollen Ausblick.
„Die Polarlichter sind so schön!",
seufzt Elsa. „Sie erinnern mich
immer daran, wie wundervoll
die Natur ist."

Anna lächelt. „Weißt du noch, Schwesterherz?", sagt sie gerührt, „unsere Eltern haben uns einmal hoch auf einen Berg mitgenommen. So lange durften wir zuvor noch nie wach bleiben."

Elsa umarmt ihre Schwester.
„Das war traumhaft schön",
fügt sie hinzu.
„Wir beide, die Polarlichter
und der glitzernde Schnee ..."
Anna legt ihren Kopf auf Elsas
Schulter. „Ja!", wispert sie.
„Das werde ich nie, nie vergessen!"

Die Eistreppe

Kurz darauf erreicht die Gruppe
einen zugefrorenen Fluss.
„Vorsicht!", warnt Kristoff, „wir
wissen nicht, ob uns das Eis trägt."
Little Rock jedoch hopst gleich los.

„Keine Sorge!", prahlt er.
„Meinen Eis-Prüf-Kristall
habe ich schon lange.
Das hier ist auf jeden Fall
dick genug."
Da macht es *Knack*!
Das Eis zersplittert unter
Little Rocks Füßen.
Im letzten Moment können
Anna und Kristoff ihn noch retten.

„Und wie kommen wir da jetzt
rüber?", jammert der Troll kleinlaut.
Anna strahlt. „Weißt du noch,
wie wir damals auf den Berg
gekommen sind?", fragt sie ihre
Schwester. Elsa nickt.
„Ich habe eine Eistreppe
entstehen lassen", fällt Elsa
wieder ein. „Das könnte auch
heute klappen!"

Eisige Magie

Staunend sehen die anderen zu,
wie Elsa eine wunderschöne
Eistreppe erschafft.
Wie ein großer Regenbogen
spannt sie sich quer über
den Fluss. Vergnügt laufen
die Freunde über
die gefrorenen
Stufen.

Aber auf dem Weg nach unten
wackelt die Treppe plötzlich.
Das Flussufer bricht auseinander.
„Was sollen wir jetzt nur tun?",
quietscht Little Rock.
„Das ist ein Abenteuer für
fortgeschrittene Jungtrolle!"

Elsa überlegt, was zu tun ist.
Dann hat sie eine Idee. Sie lässt
kleine Eisschollen erscheinen.
Vorne rollen sich die Ränder auf.

„Hey, die sehen wie Schlitten
aus!", jubelt der kleine Troll.
„Genau!", bestätigt Elsa.
„Und jetzt spring endlich auf."

Am Ziel

Schnell wie Blitze rasen die
Freunde den Fluss hinunter.
Am Ufer springt der Troll ins Gras.
„Du hast uns gerettet, Elsa!",
ruft er. „Ich wäre gerne
so furchtlos wie ihr alle!"

Er lächelt die Freunde an.
Dann gibt er Anna und Elsa
einen leuchtenden Kristall.
„Den möchte ich euch schenken."
Die Schwestern freuen sich sehr.
Der kleine Troll will nun auch
ein furchtloser Anführer sein!
„Hier lang!", kommandiert er.

Schnell flüstert Kristoff ihm zu:
„Dieser Weg führt zurück zum
Fluss." Der Troll wird rot.
„Ich wollte ja auch sagen:
Da kommen wir her",
verbessert er sich schnell.
Dann zeigt Little Rock
in die andere Richtung.
„Laufen müssen wir da lang."
Die anderen schmunzeln.

Little Rock wird die Polarlichter
und Grand Pabbie finden.
Da sind sie sich sicher.
Sein Fährtenleser-Kristall wird bald
schon leuchten – auch wenn er
manchmal ein bisschen Hilfe von
seinen Freunden brauchen wird.

Leselern-★STARS★
Für Leseanfänger

Leseurkunde

Hurra, ich habe
das ganze Buch geschafft!

Ich heiße _____

Ich bin _____ Jahre alt.

Ausgefüllt am _____